LA VITA DI SANTA FAUSTINA KOWALSKA

LA VITA E IL MESSAGGIO DELLA MISERICORDIA

Introduzione alla vita di Santa Faustina

Santa Faustina Kowalska, conosciuta anche come Santa Maria Faustina del Santissimo Sacramento, è una figura straordinaria nella storia della Chiesa cattolica. Nata il 25 agosto 1905 in un piccolo villaggio polacco, ha trascorso la sua vita come suora nella Congregazione delle Suore della Beata Vergine Maria della Misericordia. La sua vita semplice e umile si è trasformata in un faro di luce divina e misericordia per il mondo intero. Fin dalla sua giovinezza, Faustina mostrò un profondo attaccamento alla fede e un'intensa vita interiore. A diciotto anni, sentì chiaramente la chiamata di Dio a entrare in convento e dedicarsi completamente a Lui. Nel 1925, dopo aver superato numerose difficoltà e ostacoli, Faustina entrò nel convento di Varsavia. È lì che la sua straordinaria vita spirituale ha iniziato a fiorire. Faustina sperimentò intense rivelazioni e dialoghi con Gesù Misericordioso. Le apparizioni insieme alla sua profonda comprensione della misericordia divina, hanno portato a una straordinaria missione affidatale da Gesù stesso: diffondere il Messaggio della Misericordia per tutto il mondo. Faustina ha annotato le sue esperienze e le parole di Gesù in un diario dettagliato, che oggi è conosciuto in tutto il mondo. Santa Faustina ha registrato gli insegnamenti di Gesù sulla sua misericordia, la necessità di affidarsi completamente e la richiesta di diffondere la Divina Misericordia, soprattutto attraverso la preghiera alla Divina Misericordia e la festa, che cade nella seconda domenica di Pasqua. Nonostante le difficoltà e le prove che ha affrontato nella sua vita, tra cui l'incomprensione da parte membri della Chiesa e problemi di salute, Santa Faustina perseverò nella sua missione di amore e misericordia. La sua testimonianza di vita e il suo messaggio di speranza hanno toccato i cuori di milioni di persone in tutto il mondo, che hanno trovato conforto e guarigione nella fiducia nella misericordia di Dio. Santa Faustina è stata beatificata nel 1993 e canonizzata da Papa Giovanni Paolo II il 30 aprile 2000. Oggi è universalmente riconosciuta come l'Apostola della Divina Misericordia. La sua vita e le sue parole sono diventate fonte di ispirazione per i fedeli di ogni parte del mondo, spingendoli a abbracciare la misericordia di Dio, a perdonare gli altri e a diffondere l'amore divino a tutti gli esseri umani.

L'infanzia e la giovinezza di Faustina

Questi anni formativi hanno gettato le basi per la sua straordinaria vita di fede e il suo profondo amore per la misericordia divina.

Faustina Kowalska nacque il 25 agosto 1905 nel villaggio di Głogowiec, in Polonia, da una modesta famiglia contadina. Fu la terza di dieci figli e crebbe in un ambiente semplice e umile. Fin da piccola dimostrò un cuore aperto a Dio e una sensibilità spirituale fuori dal comune.

Nonostante le difficoltà economiche della sua famiglia, i genitori di Faustina le trasmisero una solida formazione religiosa. La sua infanzia trascorse in mezzo ai campi, dove spesso si ritirava in preghiera, riflettendo sulla bellezza della natura e cercando un'intima unione con Dio. All'età di sette anni, Faustina sperimentò la perdita della sua sorellina, un evento che segnò profondamente il suo cuore sensibile. Questa esperienza di dolore e lutto aumentò la sua consapevolezza della brevità della vita e dell'importanza di vivere in santità. All'età di quindici anni, Faustina ebbe un'esperienza straordinaria durante la celebrazione della Santa Messa. Mentre guardava l'immagine di Gesù sofferente, sentì una chiamata interiore a dedicare la sua vita a Dio. Fu in quel momento che prese la decisione di diventare religiosa.

Tuttavia, l'adesione alla sua vocazione religiosa non fu semplice per Faustina. Diverse sfide e ostacoli si presentarono sul suo cammino. La sua famiglia, che aveva bisogno del suo aiuto, non poteva permettersi di supportarla nel perseguire il suo sogno di entrare in convento. Ma Faustina, animata da una profonda fede e fiducia in Dio, perseverò nella sua chiamata.

Finalmente, nel 1925, all'età di vent'anni, Faustina entrò nel convento delle Suore della Beata Vergine Maria della Misericordia a Varsavia. Questo fu un momento di grande gioia e realizzazione per lei, poiché poteva finalmente dedicarsi completamente a Dio e seguire la sua chiamata interiore alla vita religiosa. Durante gli anni di formazione nel convento, Faustina approfondì la sua vita spirituale e si immerse negli insegnamenti della Chiesa cattolica. Sviluppò una profonda devozione all'Eucaristia, alla Vergine Maria e ai santi. La sua sete di conoscenza spirituale e la sua determinazione nel seguire la volontà di Dio divennero sempre più evidenti. Questi anni di formazione prepararono il terreno per le esperienze mistiche straordinarie che avrebbe vissuto in seguito e per la missione che Dio le aveva riservato. La sua infanzia semplice, l'amore per la preghiera e la consapevolezza della misericordia di Dio le fornirono una base solida su cui costruire la sua vita di santità e diffusione della Divina Misericordia.

La chiamata alla vita religiosa

Fin da giovane manifestò un desiderio ardente di consacrarsi totalmente al Signore. Questa chiamata interiore si manifestò in modo chiaro e potente durante una Santa Messa all'età di quindici anni, mentre contemplava l'immagine di Gesù crocifisso. In quel momento sentì una profonda unione con Cristo sofferente e una chiamata a seguirlo da vicino come religiosa.

Questa esperienza intensa e la consapevolezza del dono dell'amore misericordioso di Dio scossero il cuore di Faustina e la portarono a prendere una decisione radicale. Nonostante le sfide e gli ostacoli che si presentarono sulla sua strada, decise di lasciare tutto e seguire la chiamata di Dio a entrare in convento.

Tuttavia, la strada verso la vita religiosa non fu facile per Faustina. La sua famiglia era povera e aveva bisogno del suo aiuto. Inoltre, dovette affrontare l'opposizione di alcuni familiari e amici che non capivano la sua decisione. Ma la sua fede incrollabile e la certezza interiore della chiamata di Dio la sostennero durante questi momenti difficili. Finalmente, nel 1925, all'età di vent'anni ottenne il permesso di entrare nel convento delle Suore della Beata

Vergine Maria della Misericordia a Varsavia. Questo fu un momento di grande gioia e gratitudine per lei, poiché poteva finalmente iniziare la sua vita religiosa e seguire il suo desiderio di consacrarsi totalmente a Dio. Nel convento trovò un ambiente favorevole alla sua crescita spirituale. Qui, attraverso la preghiera, la formazione spirituale e la pratica delle virtù religiose, approfondì la sua relazione con Dio e sviluppò una comprensione sempre più profonda della misericordia divina.

La sua chiamata alla vita religiosa non fu solo un modo per realizzare se stessa, ma fu una risposta generosa all'amore misericordioso di Dio. Lei comprendeva che la sua consacrazione a Dio le avrebbe permesso di partecipare in modo speciale alla missione di Gesù di portare la misericordia e la salvezza all'umanità.

L'ingresso nel convento

Questo evento segnò l'inizio di una nuova fase nella sua vita e la preparò per la missione che Dio aveva in serbo per lei. Dopo aver superato numerose difficoltà, ottenne finalmente il permesso di entrare nel convento nel 1925, all'età di vent'anni. Questo fu un momento di grande gioia e gratitudine per lei, poiché poteva finalmente dedicarsi completamente a Dio e iniziare il percorso verso la santità. Il convento delle Suore era un luogo dove le religiose si dedicavano alla preghiera e alla pratica delle opere di misericordia corporale e spirituale. Questo ambiente spirituale fornì a Faustina un terreno fertile per la sua crescita spirituale e la sua formazione come suora.

Faustina si immerse completamente nella vita conventuale, adottando il nome di Suor Maria Faustina del Santissimo Sacramento.

Fu sottoposta a un rigoroso programma di formazione, che includeva la preghiera la meditazione, lo studio della Sacra Scrittura e la pratica delle virtù religiose. Il convento offriva a Faustina l'opportunità di approfondire la sua relazione personale con Dio attraverso la l'adorazione. La sua vita di preghiera diventò intensa, e trovò consolazione nell'Eucaristia, considerando Gesù presente nell'ostia come la fonte della misericordia divina. Durante il suo tempo nel convento, Faustina incontrò anche la superiora del convento, Madre Irene, che divenne la sua guida spirituale. Madre Irene riconobbe le straordinarie esperienze mistiche di Faustina e la sostenne nel perseguire la sua missione di diffondere il messaggio della Divina Misericordia. L'ingresso di Faustina nel convento fu solo l'inizio di un cammino che avrebbe portato a un'intensa esperienza mistica e alla diffusione del Messaggio della Divina Misericordia. La sua vita religiosa nel convento le offrì una solida base spirituale e una comunità di sorelle che la sostenne nel suo percorso di santità.

La vita di preghiera e l'esperienza mistica

Questi aspetti furono fondamentali per la sua missione di diffondere il messaggio della Divina Misericordia. Fin dai suoi primi anni, Faustina dedicò molto tempo alla preghiera e alla contemplazione. La sua vita di preghiera era caratterizzata da un'intensa unione con Dio e da un profondo desiderio di conoscere l'amore misericordioso. La preghiera di Faustina era un dialogo intimo con Dio, in cui si confidava con fiducia e umiltà. Passava lunghe ore in adorazione, meditando sulla Passione di Cristo e sulla grandezza della misericordia divina. Attraverso la preghiera, Faustina sperimentò una profonda comunione con Dio e una consapevolezza sempre crescente del suo amore e della sua misericordia. Durante la sua vita di preghiera, Faustina ebbe esperienze mistiche straordinarie. Gesù le apparve in visioni e dialogò con lei, rivelando la profondità della sua misericordia e chiedendole di diffondere questo messaggio al mondo. Gesù le rivelò l'immagine della Divina Misericordia, con l'iscrizione "Gesù, confido in te", e le affidò la missione di far conoscere al mondo intero la sua misericordia infinita. Faustina scrisse nel suo diario molte delle esperienze mistiche che ebbe, descrivendo gli incontri con Gesù, i messaggi che ricevette e le rivelazioni sulla misericordia divina. Questo diario diventò un tesoro spirituale prezioso e una testimonianza autentica della sua intimità con Dio. Attraverso le esperienze mistiche e la vita di preghiera di Faustina, emerse una profonda comprensione della misericordia divina. Comprese che Dio desidera ardentemente perdonare e amare ogni persona, indipendentemente dai loro peccati e imperfezioni.

La sua missione divenne quella di diffondere questo messaggio di speranza e di incoraggiare tutti a rivolgersi alla misericordia di Dio. La vita mistica di Faustina non era separata dalla sua vita quotidiana nel convento. Viveva la sua vocazione religiosa con zelo, compiendo le sue responsabilità con amore e servizio. La sua umiltà e la sua dedizione alla volontà di Dio resero le sue esperienze mistiche ancor più autentiche e al servizio della Chiesa.

Il Messaggio della Divina Misericordia

Questa rivelazione diventò la missione centrale della sua vita e continua ad avere un impatto significativo sulla Chiesa e sulle persone di tutto il mondo. Dopo le intense esperienze mistica vissute nel convento, Faustina sentì un'ardente chiamata a diffondere il messaggio della misericordia divina. Gesù le aveva rivelato che desiderava offrire a ogni persona la sua infinita misericordia come dono di salvezza. La missione di Faustina era quella di annunciare questa grande verità al mondo intero. Faustina iniziò a scrivere tutto quello che aveva sperimentato e appreso nel suo diario, che divenne una testimonianza vivida del suo incontro con Gesù e del suo messaggio di misericordia. Nel suo diario, descrisse l'immagine della Divina Misericordia con le parole che Gesù stesso le aveva detto, invitando tutti a rivolgersi a Lui con fiducia e a implorare la sua misericordia. La diffusione del messaggio della Divina Misericordia non fu un compito facile per Faustina. Inizialmente, molti non compresero l'importanza di ciò che stava annunciando. Nonostante le innumerevoli difficoltà, Faustina perseverò nel diffondere il messaggio di misericordia e nel testimoniare l'amore di Dio. La sua missione di diffusione della Divina Misericordia si estese oltre le mura del convento. Con il permesso dei superiori, Faustina visitò diversi conventi e comunità, condividendo il suo messaggio e invitando le persone a confidare nella misericordia di Dio. La sua testimonianza autentica e la sua vita ispirarono molte persone a intraprendere un cammino di conversione e ad accogliere il dono della misericordia divina nelle loro vite. Faustina fu incaricata da Gesù di diffondere la devozione alla Divina Misericordia attraverso la preghiera alla Divina Misericordia e l'istituzione della Festa della Divina Misericordia. Questa festa, celebrata la prima domenica dopo Pasqua, divenne un momento per riflettere sulla misericordia di Dio e per implorarne il perdono e la grazia. Dopo la morte di Faustina nel 1938, il suo diario della Divina Misericordia furono inizialmente oggetto di una certa controversia. Ma nel corso degli anni, grazie a numerosi sacerdoti e fedeli, il messaggio di misericordia di Faustina fu riconosciuto e approvato dalla Chiesa. Nel 2000, San Giovanni Paolo II la canonizzò come Santa Faustina Kowalska, confermando l'autenticità del suo messaggio. Oggi, il messaggio della Divina Misericordia continua ad essere diffuso in tutto il mondo. Milioni di persone si affidano alla misericordia di Dio attraverso la preghiera e la pratica delle opere di misericordia. La devozione alla Divina Misericordia ha trovato una collocazione speciale nella spiritualità della Chiesa e ha ispirato numerose opere di carità e di evangelizzazione.

La stesura del Diario di Santa Faustina

Questo scritto rappresenta una testimonianza preziosa delle esperienze spirituali di Faustina e delle rivelazioni che ricevette da Gesù riguardo alla Divina Misericordia. Fin dai suoi primi anni nel convento, Faustina sentì l'ispirazione di tenere un diario delle sue esperienze e delle sue intuizioni spirituali. Inizialmente, scrisse su diversi quaderni, annotando le sue esperienze mistiche, le conversazioni con Gesù e le istruzioni che riceveva per diffondere il messaggio della Divina Misericordia. Il Diario di Faustina è una testimonianza autentica e vivida della sua relazione intima con Dio. Nei suoi scritti, Faustina esprimeva con sincerità e umiltà i suoi sentimenti, le sue lodi, i suoi dubbi e le sue lutti. La sua scrittura era semplice e diretta, ma al contempo ricca di profondità spirituale. Faustina dedicava molto tempo alla stesura del Diario, spesso annotando le sue esperienze spirituali e le istruzioni di Gesù durante le ore di adorazione eucaristica o nei momenti di preghiera solitaria. La scrittura del Diario divenne per lei un mezzo per approfondire la sua comprensione della misericordia divina e per condividere questa verità con il mondo.

Durante la sua vita, Faustina mostrò il Diario a diversi sacerdoti e a persone di fiducia, chiedendo loro consigli e discernimento. Alcuni furono sorpresi dalla ricchezza delle sue esperienze mistiche e dalla profondità delle sue intuizioni spirituali. Altri, invece, furono scettici e sollevarono dubbi sulla veridicità delle sue visioni. Nonostante le sfide e le difficoltà incontrate, Faustina perseverò nella stesura del Diario, sentendo che era una missione che le era stata affidata da Gesù stesso. Aveva la consapevolezza che il messaggio della Divina Misericordia era di vitale importanza per il mondo e che il Diario sarebbe stato uno strumento prezioso per diffondere questa verità. Dopo la morte di Faustina nel 1938, il Diario fu trasmesso alle sue superiori e venne conservato con cura. Nel corso degli anni, il Diario fu esaminato da molti teologi, che ne valutarono l'autenticità. Nel 1959, il Cardinale Karol Wojtyła, futuro Papa Giovanni Paolo II, presentò il Diario come parte delle cause di canonizzazione di Faustina. Il Diario di Santa Faustina è stato pubblicato in diverse edizioni e tradotto in numerose lingue.

È diventato un testo amato e studiato da molte persone in tutto il mondo, offrendo una guida spirituale e una comprensione più profonda della misericordia. Il Diario ha contribuito in modo significativo alla diffusione della Divina Misericordia e alla venerazione di Santa Faustina.

La diffusione del culto

Dopo la canonizzazione di Santa Faustina nel 2000 da parte di Papa Giovanni Paolo II, il culto alla Divina Misericordia ha conosciuto una crescita significativa. Le parole di Gesù a Faustina, rivelate nel suo Diario, hanno ispirato numerosi fedeli a rivolgersi a Dio con fiducia, implorando la sua misericordia e diffondendo questo messaggio di speranza. Una delle devozioni nel culto alla Divina Misericordia è la Coroncina. Questa preghiera, trasmessa da Gesù stesso a Faustina, è stata diffusa in tutto il mondo e recitata da milioni di persone. La Coroncina alla Divina Misericordia è una preghiera potente che invoca la misericordia di Dio per sé stessi e per l'intera umanità. Un altro elemento fondamentale nel culto alla Divina Misericordia è la Festa, celebrata la prima domenica dopo Pasqua. In questa giornata speciale, i fedeli si riuniscono nelle chiese per onorare la misericordia di Dio e per partecipare a momenti di preghiera, riflessione e adorazione. La festa offre un'opportunità per meditare sulla grandezza della misericordia divina e per implorare il perdono e la grazia. Oltre alle preghiere e alle celebrazioni, il culto alla Divina Misericordia ha ispirato anche la pratica delle opere di misericordia. I fedeli sono incoraggiati a mostrare compassione e amore, a perdonare, a condividere ciò che hanno e ad aiutare coloro che sono nel bisogno. La misericordia diventa quindi un modello di vita per tutti i credenti che cercano Cristo. La diffusione del culto non si limita solo alla sfera individuale, ma ha avuto un impatto significativo anche sulla Chiesa e sulla società. Numerose organizzazioni e comunità religiose si sono dedicate a promuovere la devozione alla Divina Misericordia e ad aiutare coloro che sono in situazioni di sofferenza o bisogno.

San Giovanni Paolo II ha ricoperto un ruolo fondamentale nella diffusione del culto alla Divina Misericordia. Il suo amore e la sua devozione hanno portato alla promulgazione del decreto di istituzione della Festa della Divina Misericordia e alla canonizzazione di Santa Faustina. Il pontificato di Papa Francesco ha proseguito questa tradizione, incoraggiando i fedeli a vivere la misericordia nella propria vita quotidiana.

Le apparizioni di Gesù Misericordioso

Fin dai primi anni nel convento delle Suore della Beata Vergine Maria della Misericordia, Faustina ebbe esperienze mistiche intense e profonde, durante le quali ebbe delle visioni di Gesù. Gesù Misericordioso le apparve con un volto luminoso e amorevole, invitandola a confidare in Lui e a diffondere il suo messaggio di misericordia nel mondo. Gesù rivelò la sua infinita misericordia, desiderando che ogni persona si rivolgesse con fiducia e implorasse il suo perdono. L'umilissima Faustina descrisse dettagliatamente le apparizioni di Gesù nel suo Diario, rivelando le parole che Egli le disse e le istruzioni che ricevette da Lui. Gesù incoraggiò Faustina a diffondere la devozione alla Divina Misericordia, promettendo che coloro che si affidano alla sua misericordia non saranno mai delusi e che avranno la sua protezione in questa vita e nell'eternità. Nelle apparizioni, Gesù istruì Faustina su molte pratiche devozionali legate alla Divina Misericordia. Gesù insegnò anche a Faustina la preghiera della Coroncina alla Divina Misericordia, una preghiera potente che invoca la misericordia di Dio per sé stessi e per l'intera umanità. Questa preghiera diventò uno degli elementi centrali del culto alla Divina Misericordia e si diffuse in tutto il mondo grazie all'opera di divulgazione. Le apparizioni di Gesù a Faustina continuarono per un periodo di tempo, offrendole guida, conforto e istruzioni per la sua missione. Faustina ricevette anche delle profezie riguardo a eventi futuri, tra cui l'arrivo di un grande castigo per l'umanità se non si convertisse e si rivolgesse alla misericordia di Dio. Le apparizioni di Gesù a Faustina non furono solo esperienze personali, ma hanno avuto un impatto significativo sulla Chiesa e sulle persone di tutto il mondo. Il messaggio di misericordia divina, rivelato durante queste apparizioni, ha toccato il cuore di molte persone e ha ispirato una devozione diffusa e profonda verso la Divina Misericordia.

La promozione della devozione

Dopo la morte di Santa Faustina nel 1938, il suo messaggio di misericordia divina non fu dimenticato. Le sue esperienze mistiche furono portate all'attenzione delle autorità ecclesiastiche e il suo Diario fu attentamente esaminato per determinarne l'autenticità e l'importanza spirituale. Nel 1959, il Cardinale Karol Wojtyła, il futuro Papa Giovanni Paolo II, presentò il Diario di Santa Faustina come parte delle cause di canonizzazione. Il Cardinale era profondamente colpito dal messaggio e con il tempo divenne uno dei principali promotori della devozione alla Divina Misericordia. Dopo essere diventato Papa Giovanni Paolo II nel 1978, il Santo Padre dedicò molto tempo ed energia a promuovere la devozione alla Divina Misericordia. Nel 1980, proclamò il primo Sunday after Easter come la Festa della Divina Misericordia, accogliendo la richiesta di Gesù a Faustina di istituire questa celebrazione. Il Papa Giovanni Paolo II visitò anche il Santuario della Divina Misericordia a Cracovia, dove la Santa aveva ricevuto le apparizioni. Durante la sua visita nel 2002, dichiarò il Santuario come luogo di pellegrinaggio ufficiale per i fedeli che desiderano onorare la Divina Misericordia. La promozione della Divina Misericordia non si limitò solo alle azioni del Papa Giovanni Paolo II. L'opera dei sacerdoti, dei religiosi, dei fedeli laici e di numerose organizzazioni contribuì a diffondere il messaggio di misericordia divina in tutto il mondo. Numerose organizzazioni, come l'Associazione della Divina Misericordia e la Congregazione delle Suore, si impegnarono nella diffusione della devozione e nell'opera di carità e misericordia.

Negli anni hanno promosso tanto la Divina Misericordia, compresa l'adorazione, la recita della Coroncina, la celebrazione della Festa della Divina Misericordia e l'aiuto ai bisognosi.

La devozione si diffuse anche attraverso la pubblicazione e la diffusione del Diario di Santa Faustina in diverse lingue. Migliaia di copie del Diario furono stampate e distribuite in tutto il mondo, permettendo a un numero sempre crescente di persone di conoscere il messaggio di misericordia divina. L'era digitale e l'avvento di Internet hanno amplificato ulteriormente la diffusione della devozione. Siti web, blog e social sono stati utilizzati per condividere le parole di Santa Faustina, diffondere preghiere e testimonianze, e creare comunità virtuali di fedeli devoti alla Divina Misericordia.

La promozione della devozione alla Divina Misericordia continua oggi con fervore e impegno. In tutto il mondo, in molte chiese e santuari, si organizzano eventi speciali, ritiri spirituali e momenti di preghiera dedicati alla misericordia divina.

La spiritualità di Santa Faustina

Faustina fu una mistica e una contemplativa che si immerse profondamente nella preghiera e nella ricerca di Dio. La sua spiritualità era caratterizzata da una profonda fiducia nella misericordia e da una fervente devozione alla passione e morte di Gesù Cristo. La base della spiritualità di Santa Faustina era l'abbandono totale alla volontà di Dio e la fiducia nella sua misericordia infinita. Lei stessa scrisse "Confido ciecamente nella Tua misericordia. Sei per me tutto, Signore, la mia fiducia è tutta in Te". La preghiera occupava un posto centrale nella vita di Santa Faustina. Passava lunghe ore in adorazione, meditava sulla Passione di Cristo e recitava ferventi preghiere di lode e supplica. La sua relazione con Gesù Misericordioso era intima e profonda, e si rivolgeva a Lui come suo confidente e amico. Faustina sperimentò anche una stretta unione con la sofferenza di Cristo. Gesù le rivelò che l'unione con la sua passione era una strada per crescere nella santità. Lei accettò le sofferenze fisiche e spirituali come un'opportunità di unione con Cristo e offrì le sue sofferenze come un atto di amore e redenzione. La virtù della misericordia occupava un ruolo centrale nella spiritualità di Santa Faustina. Ella aveva una profonda comprensione della misericordia di Dio e dell'importanza di estendere quella stessa misericordia agli altri. Gesù le disse: "Mi dispiace vedere che le creature non affidino a Me la loro miseria, ma cerchino in se stesse la fonte della vita". La spiritualità Faustina si caratterizzava anche per la pratica delle opere di misericordia corporali e spirituali. Lei stessa cercò di vivere queste opere nella sua vita quotidiana, prendendosi cura dei malati, dei poveri e degli emarginati, e offrendo preghiere e sacrifici per le anime. Santa Faustina nutriva un profondo desiderio di santità e di unione con Dio. Cercava di vivere una vita di umiltà, semplicità e obbedienza, seguendo l'esempio di Maria Santissima come modello di virtù e di servizio a Dio. La spiritualità di Faustina ha ispirato molti fedeli in tutto il mondo a seguire il cammino della fiducia nella misericordia e a vivere una vita di amore e di misericordia verso gli altri. La sua testimonianza di fede e la sua profonda spiritualità continuano ad avere un impatto su tutta la Chiesa.

L'importanza della confessione e dell'Eucaristia secondo Santa Faustina

Gesù le rivelò che la confessione sincera e l'assoluzione erano fondamentali per ottenere il perdono. Egli disse: "Quando ti confessi, immergiti totalmente nella Mia misericordia, con grande fiducia, affinché possa riversare su di te le Mie grazie". Santa Faustina incoraggiò i fedeli a confessarsi e a sperimentare la gioia e il sollievo che derivano dal ricevere il perdono. Ella stessa si confessava frequentemente e si affidava completamente alla misericordia di Dio per il suo rinnovamento interiore. Oltre alla confessione, l'Eucaristia occupava un posto centrale nella spiritualità di Santa Faustina. Lei nutriva una grande devozione verso la Santa Comunione e cercava di partecipare alla Messa quotidianamente, quando possibile. Per lei, l'Eucaristia era la presenza reale di Gesù, il dono supremo dell'amore misericordioso di Dio per l'umanità. Santa Faustina scrisse nel suo Diario: "Tutte le grazie fluiscono per mezzo della Santa Comunione". Ella comprese con il tempo che nell'Eucaristia si trovava il tesoro della misericordia divina, e che ricevere il

Corpo e il Sangue di Cristo era un atto di intimità con il suo Signore e Salvatore.

Santa Faustina incoraggiò i fedeli a ricevere l'Eucaristia con fede, amore e gratitudine, e a fare della Santa Comunione un momento di unione con Cristo. Ella sperimentava una gioia ineffabile nel ricevere il Corpo di Cristo e desiderava che tutti potessero sperimentare la stessa gioia e la stessa intimità con Dio. La confessione e l'Eucaristia erano per Santa Faustina i canali privilegiati attraverso i quali i fedeli potevano ricevere la misericordia e la grazia di Dio. Ella vedeva questi sacramenti come strumenti potenti per la trasformazione interiore e per la crescita nella vita spirituale.

La spiritualità di Santa Faustina ci ricorda l'importanza di vivere una vita sacramentale, nutrendoci della misericordia di Dio attraverso la confessione e l'Eucaristia. Questi sacramenti ci offrono la possibilità di sperimentare il perdono, la guarigione e l'amore infinito di Dio, e ci invitano a rispondere con gratitudine e impegno nel vivere una vita di amore e di misericordia verso gli altri.

La preghiera alla Divina Misericordia

Questa preghiera speciale si basa sulle tradizionali perle del Rosario e comprende preghiere e meditazioni sulla misericordia di Dio. La Coroncina alla Divina Misericordia inizia con il segno della croce. Successivamente, si recitano il Padre Nostro, l'Ave Maria e il Credo degli Apostoli, come nel Rosario tradizionale. Tuttavia, invece delle decine tradizionali del Rosario, nella Coroncina si recitano le seguenti preghiere:

Sui grani del Padre Nostro si recita: "Eterno Padre, Ti offro il Corpo e il Sangue, l'anima e la Divinità del Tuo dilettissimo Figlio e Signore nostro Gesù Cristo, in espiazione dei nostri peccati e di quelli del mondo intero".

Sui grani dell'Ave Maria si recita: "Per la Sua dolorosa Passione, abbi misericordia di noi e del mondo intero".

Alla conclusione della Divina Misericordia, si recita tre volte la seguente invocazione: "Santo Dio, Santo Forte, Santo Immortale, abbi pietà di noi e del mondo intero".

La Coroncina alla Divina Misericordia è una espressione di fiducia nella misericordia di Dio e un invito a implorare la sua compassione e perdono. È una preghiera che ci incoraggia a riflettere sulla passione di Cristo e a confidare nella sua misericordia infinita. Recitare la Coroncina alla Divina Misericordia è un modo potente per meditare sulla misericordia di Dio e per pregare per la conversione dei peccatori e la pace nel mondo. È una preghiera che ci unisce spiritualmente a Santa Faustina e a tutti coloro che si affidano alla misericordia divina.

L'importanza del Sabato della Misericordia

Il Sabato della Misericordia è un giorno di grande importanza nel culto. Questo giorno è strettamente collegato alle rivelazioni fatte da Gesù a Santa Faustina Kowalska e rappresenta un'opportunità speciale per ricevere le grazie e le promesse legate alla misericordia divina.

Secondo le rivelazioni di Gesù a Santa Faustina, il Sabato della Misericordia è un giorno di grazia straordinaria in cui Egli offre doni spirituali particolari a coloro che si avvicinano con fede e umiltà. Gesù ha promesso che in questo giorno, chiunque confessa i propri peccati con un sincero pentimento e riceve la Comunione, otterrà la remissione totale delle colpe e delle pene temporali legate ai peccati commessi fino a quel momento. Inoltre, Egli ha promesso di riversare abbondanti grazie spirituali su coloro che si affidano alla sua misericordia in questo giorno. Il Sabato della Misericordia cade il secondo sabato dopo la Pasqua, in accordo con le indicazioni di Gesù a Santa Faustina. Durante questo giorno, i fedeli sono invitati a partecipare alla Santa Messa, a ricevere il Sacramento della Riconciliazione e a meditare sulla Divina Misericordia, riflettendo sul dono della redenzione e sulle promesse di perdono e di grazia offerte da Gesù. Inoltre, il Sabato della Misericordia è un momento per recitare la Coroncina alla Divina Misericordia e per dedicarsi alla preghiera, alla riflessione e all'offerta di opere di misericordia corporali e spirituali. È un giorno in cui siamo chiamati a rinnovare la nostra fiducia nella misericordia divina e a diffondere questa misericordia agli altri attraverso la nostra testimonianza di amore, perdono e compassione. Il Sabato della Misericordia ci ricorda che non importa quali siano stati i nostri peccati o quanto siamo distanti da Dio, la sua misericordia è sempre disponibile per noi.

L'opposizione e le difficoltà incontrate

Durante la sua vita, Santa Faustina Kowalska ha affrontato diverse difficoltà nel diffondere il messaggio della Misericordia. Queste sfide sono state sia di natura personale che esterna. Innanzitutto, Faustina ha incontrato difficoltà nel comprendere e accettare pienamente le sue esperienze mistiche e le rivelazioni che riceveva da Gesù. Le sue visioni e le sue esperienze erano talmente straordinarie da mettere in dubbio la sua stessa comprensione di ciò che viveva. Tuttavia, grazie all'aiuto dei suoi direttori spirituali, in particolare del suo confessore, Padre Sopocko, Santa Faustina ha imparato a discernere e a dare un senso alle sue esperienze. Oltre alle sfide interiori, Santa Faustina ha anche affrontato l'opposizione da parte di alcune persone della Chiesa. Alcuni sacerdoti e teologi erano scettici riguardo alle sue esperienze, ritenendo le rivelazioni un frutto della sua immaginazione. Questo ha portato Santa Faustina ad affrontare critiche e dubbi sulle sue esperienze e sul messaggio della Divina Misericordia. Tuttavia, nonostante le difficoltà, Santa Faustina ha perseverato nella sua missione di diffondere la misericordia di Dio. Ha scritto il suo famoso Diario, in cui ha registrato le sue esperienze e le rivelazioni ricevute da Gesù. Ha svolto un ruolo attivo nella promozione del culto alla Divina Misericordia e ha fondato l'istituto delle Suore della Beata Vergine Maria della Misericordia.

Santa Faustina ha affrontato anche problemi di salute durante la sua vita. Ha sofferto di diverse malattie, tra cui la tubercolosi, che ha avuto un impatto sulla sua salute e sulla sua capacità di svolgere le sue attività apostoliche. Nonostante queste difficoltà, Santa Faustina ha mantenuto una profonda fiducia nella misericordia di Dio e ha continuato a dedicarsi alla sua missione fino alla sua morte nel 1938.

Nonostante le difficoltà, il messaggio della Divina Misericordia ha trovato terreno fertile e ha continuato a diffondersi in tutto il mondo dopo la morte di Santa Faustina. La sua santità e la sua testimonianza di fede hanno ispirato molti fedeli a prendere sul serio il messaggio della misericordia di Dio e a vivere secondo i principi della misericordia, del perdono e dell'amore.

La beatificazione e canonizzazione

Santa Faustina Kowalska è stata beatificata il 18 aprile 1993 da Papa Giovanni Paolo II. La cerimonia di beatificazione si è svolta nella Piazza San Pietro, in Vaticano, e ha attirato un grande numero di fedeli provenienti da tutto il mondo. La beatificazione di Santa Faustina è stata un evento significativo per la Chiesa cattolica e per il movimento della Divina Misericordia. Con questo atto, la Chiesa ha riconosciuto ufficialmente la santità di Santa Faustina e ha confermato l'autenticità delle sue esperienze mistiche e del messaggio della Divina Misericordia. Durante la cerimonia di beatificazione, Papa Giovanni Paolo II ha descritto Santa Faustina come **"una figura apostolica della nostra epoca".** Ha lodato la sua profonda spiritualità, la sua devozione alla misericordia e il suo impegno nel diffondere il messaggio della Misericordia. La beatificazione di Faustina ha avuto un impatto significativo sulla diffusione della Divina Misericordia. Ha contribuito a far conoscere la sua vita e il suo messaggio a un pubblico più ampio e ha incoraggiato molti fedeli a seguire il suo esempio di fede e di impegno per la misericordia di Dio. Successivamente, il 30 aprile 2000, Giovanni Paolo II ha canonizzato Faustina Kowalska, dichiarandola ufficialmente santa della Chiesa cattolica. La cerimonia di canonizzazione si è svolta sempre in Piazza San Pietro, davanti a migliaia di fedeli provenienti da tutto il mondo. La beatificazione e la canonizzazione di Faustina hanno sottolineato l'importanza e la validità del suo messaggio di misericordia divina. La sua santità e il suo esempio di vita hanno ispirato numerosi fedeli a rivolgersi alla misericordia di Dio, a praticare la compassione verso gli altri e a vivere secondo i principi della Divina Misericordia. La figura di Santa Faustina Kowalska è diventata un faro di speranza e di amore misericordioso per molti, ed è ancora oggi considerata una delle sante più amate e venerate della Chiesa. La sua beatificazione e canonizzazione hanno confermato il valore e l'importanza del suo messaggio di misericordia divina per l'intera Chiesa e per il mondo.

La diffusione del culto alla Divina Misericordia dopo la canonizzazione

Dopo la canonizzazione di Santa Faustina Kowalska, il culto alla Divina Misericordia ha continuato a diffondersi in tutto il mondo, raggiungendo un numero sempre crescente di fedeli e influenzando profondamente la spiritualità cattolica. La canonizzazione di Santa Faustina ha contribuito a confermare l'autenticità delle sue esperienze mistiche e del messaggio della Misericordia, aumentando così la fiducia e la devozione verso di essa. I fedeli hanno iniziato ad abbracciare il messaggio della misericordia divina e a praticare le sue richieste, come la recita della Coroncina alla Misericordia e l'adorazione del Dipinto della Divina Misericordia. La diffusione del culto alla Divina Misericordia è stata favorita anche dall'opera di divulgazione del messaggio di Santa Faustina e delle sue rivelazioni. Il suo Diario, che raccoglie le sue esperienze e le istruzioni ricevute da Gesù, è stato tradotto in molte lingue ed è diventato un bestseller spirituale, raggiungendo un vasto pubblico in tutto il mondo. Inoltre, numerosi gruppi e associazioni di fedeli si sono formati per promuovere la spiritualità della Divina Misericordia e organizzare eventi di preghiera e adorazione. Un altro evento di grande importanza per la diffusione del culto alla Divina Misericordia è stato l'istituzione da parte di Papa Giovanni Paolo II della Festa della Divina Misericordia. Nel 2000, il Papa ha dichiarato che il secondo dì di Pasqua sarebbe stato celebrato come il "Domenica della Divina Misericordia". Questa festa liturgica, che si svolge nel contesto dell'Ottava di Pasqua, ha il compito di ricordare e celebrare in modo speciale il messaggio della Divina Misericordia.

L'istituzione di questa festa ha avuto un impatto significativo sulla diffusione del culto alla Divina Misericordia, poiché ha fornito un'occasione ufficiale per celebrare e approfondire questa spiritualità. Ogni anno, in tutto il mondo, numerosi fedeli partecipano alle celebrazioni della Domenica della Divina Misericordia, partecipando alla Santa Messa, ricevendo il sacramento della Riconciliazione e dedicandosi alla preghiera e all'adorazione del Signore Misericordioso. La diffusione del culto alla Divina Misericordia è stata ulteriormente promossa da Francesco, che ha continuato ad incoraggiare i fedeli ad accogliere e vivere secondo il messaggio della misericordia. Ha proclamato un Anno Santo della Misericordia nel 2015-2016, durante il quale ha invitato i credenti a riscoprire il dono della misericordia di Dio e a praticarla verso gli altri.

L'influenza di Santa Faustina

Santa Faustina Kowalska ha avuto un'enorme influenza sulla spiritualità contemporanea, specialmente nel contesto della Chiesa cattolica. La sua testimonianza di vita e il suo messaggio di misericordia hanno toccato i cuori di molti fedeli e hanno contribuito a plasmare la spiritualità di numerosi individui. Uno dei principali contributi di Santa Faustina è stato quello di richiamare l'attenzione sulla misericordia di Dio come attributo centrale della sua natura. Il suo messaggio sottolinea la possibilità di trovare speranza e rinnovamento attraverso la fiducia nella misericordia di Dio. Questo ha ispirato molti credenti a riscoprire la gioia del perdono. Santa Faustina ha anche promosso la pratica della preghiera intensa e della devozione al Sacro Cuore di Gesù e alla Divina Misericordia. La sua raccomandazione di recitare la Coroncina alla Divina Misericordia e la promozione dell'Adorazione Eucaristica sono diventate parte della spiritualità di molti fedeli. Inoltre, l'opera di Faustina ha avuto un impatto significativo sulla comprensione della sacramentalità e della grazia nella vita dei credenti. Ha sottolineato l'importanza del

Sacramento della Riconciliazione come luogo privilegiato per sperimentare la misericordia di Dio e ha incoraggiato i fedeli a ricevere l'Eucaristia con fede e amore. La diffusione del culto alla Divina Misericordia, influenzata dal messaggio di Santa Faustina, si è estesa oltre i confini della Chiesa cattolica. Molte altre denominazioni cristiane e movimenti spirituali hanno abbracciato la spiritualità della misericordia divina e hanno adottato pratiche come la recita della Coroncina e la riflessione sulla misericordia di Dio. Inoltre, Santa Faustina ha contribuito a suscitare un rinnovato interesse per il ruolo delle donne nella Chiesa e nella spiritualità. La sua vita e il suo insegnamento sono stati un esempio di coraggio, fede e dedizione, ispirando molte donne a seguire il loro cammino spirituale e a vivere la loro vocazione con zelo e amore. La canonizzazione di Faustina e la diffusione del suo messaggio hanno anche portato alla creazione di numerosi gruppi di preghiera e comunità spirituali dedicate alla Divina Misericordia. Queste comunità si impegnano a diffondere il messaggio di misericordia e ad aiutare gli altri a sperimentare la grazia e il perdono di Dio nella loro vita quotidiana.

La presenza di Santa Faustina nella Chiesa

La presenza di Santa Faustina Kowalska nella Chiesa è stata significativa e continua ad essere viva anche dopo la sua morte. La sua santità e il suo messaggio di misericordia divina sono stati riconosciuti e accolti dalla Chiesa, che ha proclamato la sua canonizzazione e ha incoraggiato la diffusione della spiritualità della Divina Misericordia. Faustina è considerata una santa popolare e molto amata dai fedeli in tutto il mondo. Le sue reliquie sono oggetto di venerazione e molte persone si rivolgono a lei come intercessora presso Dio per ottenere grazia e guarigione. I fedeli visitano i luoghi legati alla sua vita e partecipano alle celebrazioni in suo onore, come la Domenica della Divina Misericordia. Inoltre, la Chiesa ha incoraggiato la diffusione del culto alla Divina Misericordia, basato sulle rivelazioni di Santa Faustina. I fedeli sono invitati a praticare la preghiera, la compassione e il perdono, vivendo secondo i principi della misericordia di Dio. La Chiesa ha promosso la recita della Coroncina alla Divina Misericordia e ha istituito la Domenica della Divina Misericordia come festa liturgica. La figura di Santa Faustina ha influenzato anche l'arte sacra e la devozione popolare. Il Dipinto della Divina Misericordia, basato sulla descrizione che Santa Faustina fece delle sue visioni, è diventato un'icona riconoscibile della misericordia divina. Molte chiese e santuari hanno installato questa immagine e la incoraggiano come oggetto di venerazione e di preghiera. Inoltre, l'eredità di Faustina si è estesa anche nella letteratura spirituale. Il suo Diario, che raccoglie le sue esperienze mistiche e le sue conversazioni con Gesù, è stato letto da numerosi fedeli e ha ispirato molti a vivere una vita di fede e di fiducia nella misericordia di Dio. La presenza di Santa Faustina nella Chiesa si riflette anche nella vita e nel ministero dei sacerdoti e dei religiosi che si dedicano alla promozione della spiritualità della Divina Misericordia. Molti sacerdoti e religiosi si ispirano alla sua vita e si impegnano a diffondere il messaggio della misericordia di Dio attraverso la predicazione, la guida spirituale e il servizio ai fedeli.

Santa Faustina come modello di santità

Santa Faustina Kowalska è considerata un modello di santità per molti fedeli cattolici e per coloro che cercano di vivere una vita di fede e di impegno spirituale. La sua vita è un esempio di totale abbandono a Dio, di amore ardente per Gesù e di dedizione al servizio degli altri. Uno degli aspetti che rendono Santa Faustina un modello di santità è la sua profonda vita di preghiera e la sua intimità con Dio. Passava lunghe ore in adorazione e in comunione con il Signore, cercando di ascoltare la sua voce e di seguire la sua volontà. La sua vita di preghiera fervente e costante è un richiamo per i fedeli a sviluppare una relazione personale con Dio e a cercare la sua volontà in ogni aspetto della vita. Santa Faustina ha dimostrato anche un amore straordinario per la Chiesa e per il prossimo. Ha offerto la sua vita con amore verso gli altri, dedicandosi al servizio umile e generoso. La sua compassione verso coloro che soffrono, il suo impegno per la conversione dei peccatori e la sua disponibilità per il bene degli altri. Un altro tratto distintivo della santità di Santa Faustina è stata la sua accettazione gioiosa della volontà di Dio, anche nei momenti di difficoltà e di sofferenza. Nonostante le prove e le avversità, ha mantenuto una fiducia incrollabile nella misericordia di Dio e ha abbracciato la sua croce con umiltà e speranza. La sua pazienza, la sua pazienza e la sua perseveranza sono un insegnamento prezioso per coloro che affrontano le sfide della vita con fede e fiducia. Infine, Santa Faustina è stata un esempio di umiltà e di obbedienza alla volontà di Dio. Ha accettato il suo ruolo di strumento nelle mani di Dio per diffondere il messaggio della misericordia divina senza cercare riconoscimenti personali o gloria. La sua umiltà e la sua obbedienza sono un richiamo per i fedeli a riconoscere la loro dipendenza da Dio e a mettere la sua volontà al centro della propria vita.

I miracoli per intercessione di Faustina

Sono stati riportati numerosi miracoli attribuiti all'intercessione di Santa Faustina Kowalska. Questi miracoli sono segnalati da persone che, invocando l'intercessione di Santa Faustina, hanno sperimentato grazie straordinarie e guarigioni fisiche e spirituali che non possono essere spiegate in modo naturale. Alcuni dei miracoli attribuiti all'intercessione di Santa Faustina includono:

Guarigioni fisiche: Ci sono resoconti di persone che affermano di essere state guarite da malattie incurabili o gravi condizioni di salute dopo aver pregato con fiducia e invocato l'intercessione di Santa Faustina. Queste guarigioni comprendono malattie come il cancro, l'infertilità, le malattie cardiache e molte altre.

Conversioni: Numerosi fedeli attribuiscono la loro conversione o il ritorno alla fede cattolica all'intercessione di Santa Faustina. Attraverso le loro preghiere e l'invocazione di Santa Faustina, hanno sperimentato una profonda trasformazione interiore e un rinnovato rapporto con Dio.

Protezione e liberazione: Alcune persone affermano di aver ricevuto protezione o di essere state liberate da situazioni pericolose o difficoltà grazie all'intercessione di Santa Faustina. Questi casi comprendono eventi come incidenti, pericoli imminenti o situazioni di oppressione spirituale.

Grazie particolari: Molte persone riportano di aver ricevuto grazie particolari dopo aver pregato con fede e invocato l'intercessione di Santa Faustina. Queste grazie includono favori insoliti, risposte alle preghiere specifiche e aiuto in momenti di bisogno.

È importante notare che l'attribuzione di un miracolo all'intercessione di un santo è un processo che richiede un'attenta indagine e un giudizio da parte delle autorità ecclesiastiche. La Chiesa cattolica, attraverso il suo processo di canonizzazione, valuta attentamente i presunti miracoli e richiede prove convincenti prima di riconoscere ufficialmente un miracolo come attribuito all'intercessione di un santo.

Le opere di misericordia corporale e spirituale secondo Santa Faustina

Santa Faustina ha sottolineato l'importanza delle opere di misericordia corporale e spirituale come parte integrante della vita di un cristiano impegnato a seguire l'esempio di Gesù Cristo. Ha espresso quest'insegnamento principalmente attraverso le sue esperienze mistiche e le rivelazioni ricevute da Gesù stesso. Ecco una descrizione delle opere di misericordia corporale e spirituale secondo Santa Faustina. Ecco le opere di misericordia corporali:

Dare da mangiare agli affamati: Santa Faustina incoraggiava a fornire cibo a coloro che ne avevano bisogno, riflettendo l'insegnamento di Gesù di nutrire gli affamati.

Dare da bere agli assetati: Invitava a soddisfare la sete fisica di coloro che soffrivano la mancanza di acqua, ma anche a offrire ristoro e conforto spirituale a coloro che erano assetati di amore e di verità.

Vestire gli ignudi: Santa Faustina incoraggiava a fornire abiti e protezione a coloro che erano privi di vestiti, ma invitava anche a coprire la nudità spirituale delle persone, cioè ad aiutarle a ritrovare la dignità e la purezza dell'anima.

Visitare gli ammalati: Raccomandava di visitare e assistere i malati, portando speranza a coloro che erano afflitti da malattie fisiche, ma anche ad avvicinarsi a coloro che erano feriti e sofferenti nel loro cuore e nella loro anima.

Visitare i carcerati: Santa Faustina invitava ad andare a trovare e ad aiutare coloro che erano imprigionati, offrendo loro sostegno morale e spirituale, e portando la speranza anche in situazioni di prigionia o di dipendenze.

Ospitare i pellegrini: Promuoveva l'ospitalità, invitando a offrire un'accoglienza amorevole e generosa a coloro che erano in cerca di un rifugio, ma sottolineava anche l'importanza di aprire il cuore all'accoglienza di Dio stesso nella propria vita.

Seppellire i morti: Santa Faustina incoraggiava a pregare per i defunti e a partecipare alle celebrazioni dei funerali, ma invitava anche a "seppellire" spiritualmente le colpe e i rancori, perdonando gli altri e offrendo la misericordia di Dio a coloro che erano "spiritualmente morti".

Opere di misericordia spirituale

Consolare gli afflitti: Faustina sottolineava l'importanza di consolare coloro che erano afflitti da dolore, solitudine o angoscia, offrendo loro parole di conforto, ascolto compassionevole e preghiere.

Insegnare gli ignoranti: Invitava a condividere la conoscenza della fede e a guidare coloro che non conoscevano ancora Dio o che avevano bisogno di una guida spirituale, contribuendo alla loro crescita spirituale.

Consigliare i dubbiosi: Raccomandava di offrire saggi consigli e orientamento a coloro che erano incerti nella loro fede o che avevano dubbi sulla via da seguire, incoraggiandoli a fidarsi della misericordia di Dio.

Correggere i peccatori: Santa Faustina invitava a correggere i peccatori con amore, aiutandoli a riconoscere il male e a compiere il percorso della conversione, offrendo la misericordia e la speranza di Dio.

Perdonare le offese: Sottolineava l'importanza di perdonare gli altri, anche quando ciò può sembrare difficile, ricordando che il perdono è una manifestazione della misericordia di Dio e un requisito per ricevere il suo perdono.

Sopportare pazientemente i molesti: Santa Faustina invitava a mostrare pazienza e tolleranza verso coloro che possono essere difficili o fastidiosi, offrendo un amore incondizionato e un'opportunità per la loro conversione.

Pregare per i vivi e per i morti: Raccomandava di pregare per gli altri, sia vivi che morti, riconoscendo la potenza della preghiera nella trasformazione delle vite e nell'ottenimento della misericordia di Dio.

Santa Faustina considerava queste opere di misericordia come una manifestazione pratica dell'amore e della misericordia di Dio verso l'umanità. Incoraggiava i fedeli a compiere queste opere con un cuore generoso, riconoscendo che il dono della misericordia di Dio deve essere condiviso con gli altri.

Le parole di Gesù Misericordioso nel Diario

Nel Diario di Santa Faustina Kowalska, Gesù Misericordioso rivela molte parole di amore, misericordia e speranza. Queste parole sono un'illuminazione della profonda relazione tra Dio e l'umanità, offrendo un messaggio di consolazione e di guida spirituale. Di seguito sono riportate alcune delle parole chiave di Gesù Misericordioso nel Diario di Santa Faustina:

"figlia, desidero confidare a te i segreti del Mio Cuore." (Diario, 1)

Queste sono le prime parole di Gesù rivolte a Santa Faustina nel Diario, rivelando il suo desiderio di aprire il suo cuore e di condividere con lei i suoi segreti divini.

"L'umanità non troverà la pace finché non si volgerà con fiducia alla Mia misericordia." (Diario, 300)

Gesù sottolinea l'importanza di confidare nella sua misericordia come il fondamento della pace e della salvezza per l'umanità.

"Figlia Mia, parla al mondo della Mia misericordia; desidero che la Mia bontà sia riconosciuta da ogni anima." (Diario, 177)

Gesù incarica Santa Faustina di diffondere il messaggio della sua misericordia in tutto il mondo, invitando tutte le anime a riconoscere e ad accogliere la sua bontà.

"Scrivi tutto ciò che ti rivela la Mia misericordia, perché tante anime attraverso di te apprenderanno a conoscere la Mia bontà." (Diario, 1142)

Gesù incoraggia Santa Faustina a scrivere tutto ciò che le viene rivelato sulla sua misericordia, poiché le sue parole saranno una fonte di conoscenza e di speranza per molte anime.

"Preghiera: fonte di misericordia per il mondo." (Diario, 1190)

Gesù sottolinea l'importanza della preghiera come una fonte di misericordia per il mondo, invitando le persone a rivolgersi a Lui con fiducia e a implorare la sua misericordia attraverso la preghiera.

"Figlia Mia, desidero che scriva sulla Mia misericordia e faccia conoscere l'immagine che ho commissionato." (Diario, 47)

Gesù chiede a Santa Faustina di dipingere un'immagine rappresentante la sua misericordia e di farla conoscere al mondo come un segno tangibile del suo amore e della sua misericordia.

Queste sono solo alcune delle molte parole di Gesù Misericordioso nel Diario di Santa Faustina. Ogni parola e ogni messaggio rivelato da Gesù sono un invito a confidare nella sua misericordia, a cercare la conversione e a vivere una vita di amore e di misericordia verso gli altri.

La misericordia come elemento centrale del messaggio di Santa Faustina

La misericordia è senza dubbio l'elemento centrale del messaggio di Santa Faustina Kowalska. Gesù stesso le ha rivelato l'importanza della misericordia divina e le ha affidato la missione di diffondere questo messaggio al mondo. Santa Faustina ha scritto nel suo Diario numerosi insegnamenti sulla misericordia divina, che sono diventati un prezioso contributo alla spiritualità cristiana contemporanea. Ecco alcuni punti chiave sull'importanza della misericordia nel messaggio di Santa Faustina:

La misericordia come attributo di Dio: Santa Faustina ha ricevuto rivelazioni dirette da Gesù sul suo infinito amore e misericordia verso l'umanità peccatrice. Ha descritto Dio come "l'Oceano infinito di Misericordia" (Diario, 699) e ha sottolineato che la misericordia è la caratteristica fondamentale del suo essere.

L'invito alla fiducia nella misericordia di Dio: Gesù ha chiesto a Santa Faustina di confidare in lui e di rivolgersi alla sua misericordia senza paura. Ha detto: "L'anima che confida nella

Mia misericordia è la Mia gioia" (Diario, 699) e ha promesso grandi grazie a coloro che si fidano di lui.

La conversione attraverso la misericordia: Santa Faustina ha insegnato che la misericordia di Dio è disponibile a tutti e che nessun peccatore è al di fuori del suo amore misericordioso. Ha invitato le persone a pentirsi dei loro peccati, a confessarsi e a ricevere il perdono divino, sperimentando così la grazia della conversione.

La diffusione della misericordia: Gesù ha chiesto a Faustina di divulgare il messaggio della sua misericordia al mondo intero. Ha detto: "Il Mio desiderio è che la Misericordia sia venerata e glorificata" (Diario, 570) e ha istituito la Festa della Divina Misericordia, che si celebra nella Chiesa cattolica il secondo giorno di Pasqua.

La pratica della misericordia verso gli altri: Faustina ha insegnato che la misericordia di Dio deve essere vissuta e praticata nella vita quotidiana. Ha esortato le persone a essere misericordiose verso il prossimo, a perdonare gli altri e aiutare coloro che sono nel bisogno.

Il messaggio di Faustina sulla misericordia divina ha avuto un impatto significativo sulla spiritualità contemporanea. Ha evidenziato l'importanza di una comprensione profonda della misericordia di Dio, invitando le persone a abbandonare la paura e a confidare nella sua bontà. Ha richiamato tutti sulla necessità di praticare la misericordia, rendendo concreta la presenza dell'amore di Dio nel mondo. La sua eredità continua ad ispirare milioni di persone ad avvicinarsi alla misericordia di Dio e a vivere una vita di amore e di compassione verso tutti.

La festa della Divina Misericordia

La festa della Misericordia è una celebrazione molto significativa nella vita dei fedeli cattolici e nell'ambito della spiritualità di Santa Faustina Kowalska. È una festa istituita da Gesù stesso, come rivelato a Faustina, e cade nel secondo giorno di Pasqua, noto anche come Ottava di Pasqua. L'importanza della festa della Divina Misericordia risiede nel suo significato teologico e spirituale. Questa festa offre ai fedeli l'opportunità di contemplare e celebrare l'infinita misericordia di Dio, manifestata attraverso il sacrificio di Gesù Cristo sulla croce per la redenzione dell'umanità. Durante la festa della Divina Misericordia, i fedeli sono chiamati a riflettere sulla grandezza della misericordia di Dio e a rinnovare la loro fiducia in essa. Si invitano i credenti a partecipare alla Santa Messa, a ricevere il sacramento della Riconciliazione (Confessione) e a pregare la Coroncina alla Divina Misericordia. La festa della Divina Misericordia offre anche promesse e grazie particolari a coloro che la celebrano con devozione. Gesù ha promesso che l'anima che si avvicina alla Santa Comunione in stato di grazia durante questa festa riceverà la remissione completa delle colpe e delle punizioni temporali dovute per i loro peccati. Inoltre, Gesù ha promesso che coloro che venerano l'immagine della Divina Misericordia con fiducia e che compiono atti di misericordia verso gli altri riceveranno grazie spirituali straordinarie. La festa della Divina Misericordia sottolinea anche l'importanza di diffondere la misericordia di Dio nel mondo. Durante questa festa, i fedeli sono incoraggiati a condividere il messaggio della misericordia di Dio con gli altri e ad esprimere compassione e amore verso coloro che sono nel bisogno. In sintesi, la festa della Divina Misericordia è un momento speciale per i fedeli cattolici per rinnovare la loro fede nella misericordia infinita di Dio e per impegnarsi a vivere una vita di amore, perdono e compassione. È un'occasione per avvicinarsi a Dio, ricevere il suo perdono e celebrare la sua misericordia che è disponibile a tutti.

Le testimonianze dei devoti

Le testimonianze dei devoti di Santa Faustina sono un prezioso testimone dell'impatto che la sua spiritualità e il suo messaggio hanno avuto sulle persone in tutto il mondo. I devoti di Faustina provengono da diverse tradizioni religiose e culture, ma sono uniti dalla loro devozione alla misericordia di Dio e al desiderio di seguire l'esempio di Faustina nella loro vita quotidiana. Ecco alcune testimonianze dei devoti di Santa Faustina:

Trasformazione della vita: Molte persone testimoniano che l'incontro con la spiritualità di Santa Faustina e il messaggio della Divina Misericordia hanno portato a una vera e propria trasformazione delle loro vite. Sono stati ispirati a vivere una vita di amore, di perdono e di compassione verso gli altri. La fiducia nella misericordia di Dio ha cambiato il loro atteggiamento verso se stessi e verso gli altri, portando gioia, pace e speranza nelle loro vite.

Conversione e perdono: Le testimonianze raccontano di conversioni e di esperienze di perdono attraverso la devozione a Faustina. Le persone hanno sperimentato il potere del perdono di Dio e sono state liberate dal peso dei loro peccati. Hanno anche scoperto il valore del perdono reciproco e sono state capaci di guarire le relazioni spezzate nella loro vita.

Grazie e intercessione: Molti devoti di Faustina attribuiscono grazie per intercessione di Santa Faustina. Credono che la sua intercessione presso Dio abbia portato risposte alle loro preghiere e che sia stata uno strumento di grazia nella loro vita.

Consolazione e speranza: Le persone trovano consolazione e speranza nel messaggio della misericordia di Dio trasmesso da Santa Faustina. In momenti di dolore, sofferenza o disperazione, le parole di Santa Faustina e la sua testimonianza di fiducia nella misericordia di Dio offrono conforto e incoraggiamento.

Diffusione della devozione: Molte persone hanno testimoniato di come la devozione a Santa Faustina e alla Divina Misericordia abbia influenzato positivamente la loro comunità e la loro famiglia. Hanno iniziato a pregare la Coroncina alla Misericordia, a diffondere il messaggio della misericordia e a promuovere la devozione alla Divina Misericordia nelle loro parrocchie e nelle loro comunità.

Queste testimonianze dimostrano l'efficacia e l'impatto della spiritualità di Faustina nella vita delle persone. La sua vita e il suo messaggio continuano ad ispirare e a trasformare le persone, invitandole a vivere una vita di amore, di misericordia e di speranza alla luce della misericordia di Dio.

L'eredità di Santa Faustina

L'eredità di Santa Faustina è straordinaria e il suo impatto sulla spiritualità cristiana è significativo. La sua vita e il suo messaggio hanno lasciato un'impronta indelebile nella Chiesa e nel cuore dei fedeli. Ecco alcuni punti chiave dell'eredità di Santa Faustina e del suo impatto sulla spiritualità cristiana:

Rinnovamento della devozione: Santa Faustina ha riportato in primo piano l'importanza della misericordia divina nella vita dei credenti. Attraverso le sue rivelazioni e il suo messaggio, ha suscitato un rinnovato interesse e una devozione fervente verso la misericordia di Dio. Ha invitato le persone a confidare nella misericordia di Dio e a vivere una vita di misericordia e compassione verso gli altri.

Approfondimento del significato della Pasqua: Santa Faustina ha contribuito a riscoprire il significato profondo della Pasqua come evento di salvezza e di misericordia. Attraverso le sue esperienze mistiche, ha mostrato come la Pasqua sia il culmine dell'amore misericordioso di Dio per l'umanità. Ha insegnato che la Pasqua è tempo di grazia e di redenzione, in cui i fedeli ricevono la misericordia in modo particolare.

Espansione della devozione alla Divina Misericordia: Santa Faustina ha svolto un ruolo cruciale nell'espandere la devozione alla Divina Misericordia in tutto il mondo. Il suo Diario, in cui ha registrato le sue esperienze mistico-spirituali e il messaggio della Misericordia, è stato tradotto in molte lingue e diffuso in tutto il globo. La sua testimonianza ha ispirato la creazione di centri di culto alla Divina Misericordia e la celebrazione della Festa della Divina Misericordia il secondo giorno di Pasqua.

Rinascita del sacramento della Riconciliazione: Santa Faustina ha posto un'enfasi particolare sull'importanza della Confessione come fonte di grazia e di misericordia. Ha esortato i fedeli a confessarsi, a ricevere il perdono dei peccati e a sperimentare la gioia della riconciliazione con Dio.

Influenza sulla spiritualità contemporanea: Faustina ha avuto un impatto significativo sulla spiritualità contemporanea. Il suo messaggio di fiducia nella misericordia di Dio, di amore per il prossimo e di ricerca della santità ha ispirato molti fedeli a vivere una vita più autentica e impegnata. Le sue scritture sono diventate una fonte di insegnamento e di ispirazione per molte persone, influenzando la loro preghiera, la loro riflessione spirituale e il loro impegno nel servizio agli altri.

L'eredità di Santa Faustina Kowalska è un dono prezioso per la Chiesa e per il mondo intero. La sua vita e la sua testimonianza continuano a guidare e a trasformare la spiritualità cristiana, invitando i fedeli a vivere nella luce della misericordia di Dio e a diffondere la gioia della salvezza attraverso la compassione e l'amore verso gli altri.

Conclusione del libro

La vita di Faustina è un esempio straordinario di fede, di devozione e di amore verso Dio e verso il prossimo. Attraverso il messaggio della Divina Misericordia, Santa Faustina ha lasciato un'impronta indelebile nella spiritualità. Nel corso di questo libro, abbiamo esplorato l'infanzia e la giovinezza di Faustina, la sua chiamata alla vita religiosa e il suo ingresso nel convento delle Suore della Beata Vergine Maria della Misericordia. Abbiamo scoperto come la sua vita di preghiera e le sue esperienze mistiche l'hanno portata a una profonda intimità con Dio e alla comprensione della sua misericordia infinita. Abbiamo esaminato la rivelazione del Messaggio della Divina Misericordia a Santa Faustina e la stesura del suo celebre Diario, che è diventato un faro di luce e di speranza per i fedeli di tutto il mondo. Abbiamo visto come Santa Faustina abbia promosso con zelo la devozione alla Divina Misericordia e come le sue apparizioni di Gesù Misericordioso abbiano ispirato la sua missione di diffondere il messaggio di amore e di perdono. Abbiamo esplorato l'importanza della confessione, dell'Eucaristia e della preghiera del Rosario alla Divina Misericordia nella spiritualità di Santa Faustina. Abbiamo anche approfondito il significato della Coroncina alla Divina Misericordia e del Sabato della Misericordia, momenti speciali di grazia e di comunione con la misericordia di Dio. Abbiamo esaminato l'opposizione e le difficoltà che Santa Faustina ha affrontato nel diffondere il suo messaggio, ma anche la sua beatificazione e la diffusione del culto alla Divina Misericordia dopo la sua canonizzazione. Infine, abbiamo esaminato l'eredità di Santa Faustina e l'impatto duraturo della sua vita sulla spiritualità cristiana. Le testimonianze dei devoti di Santa Faustina ci hanno mostrato come il suo messaggio abbia toccato il cuore di molte persone, portando conversioni, guarigioni e speranza. Santa Faustina rimane un modello di santità e di amore misericordioso per tutti noi. La sua vita ci ricorda che la misericordia di Dio è illimitata e che siamo chiamati a vivere nella luce di questa misericordia, ad amare e a perdonare come Dio ci ama e ci perdona. Che la vita di Santa Faustina Kowalska continui a ispirare e a guidare i nostri cuori verso una maggiore fiducia nella misericordia di Dio e verso una vita di amore e di compassione verso il prossimo. Possiamo imparare da lei a essere strumenti di misericordia in un mondo che ha tanto bisogno di amore e di perdono. Che il suo esempio ci guidi sulla via della santità e ci riempia di gioia nell'abbracciare la misericordia di Dio, che è infinita e sempre disponibile a noi.

Santa Faustina Kowalska, prega per noi e insegnaci a vivere nella misericordia divina. Amen.

INDICE DEL LIBRO

Introduzione alla vita di Santa Faustina.........................2

L'infanzia e la giovinezza di Faustina 4

La chiamata alla vita religiosa 7

L'ingresso nel convento 9

La vita di preghiera e l'esperienza mistica...................11

Il Messaggio della Divina Misericordia 13

La stesura del Diario di Santa Faustina......................16

La diffusione del culto..19

Le apparizioni di Gesù Misericordioso........................21

La promozione della devozione....................................23

La spiritualità di Santa Faustina 26

L'importanza della confessione e dell'Eucaristia..........28

La preghiera alla Divina Misericordia 30

L'importanza del Sabato della Misericordia 32

L'opposizione e le difficoltà incontrate 34

La beatificazione e canonizzazione.............................36

La diffusione del culto..38

L'influenza di Santa Faustina.......................................41

La presenza di Santa Faustina nella Chiesa 43

Santa Faustina come modello di santità......................45

I miracoli per intercessione di Faustina......................47

Le opere di misericordia corporale e spirituale...........49

Le parole di Gesù Misericordioso nel Diario.................53

La misericordia come elemento centrale.....................56

La festa della Divina Misericordia...............................59

Le testimonianze dei devoti..61

L'eredità di Santa Faustina...64

Conclusione del libro..67

Printed in Great Britain
by Amazon

27511786R00040